清代威县潘固王氏家族土地契约汇编

王氏家族

王伟凯 ◎ 整理

天津社会科学院出版社

图书在版编目（CIP）数据

清代威县潘固王氏家族土地契约汇编 / 王伟凯整理
. -- 天津 ： 天津社会科学院出版社，2024.4
ISBN 978-7-5563-0954-2

Ⅰ．①清… Ⅱ．①王… Ⅲ．①地契－研究－中国－清代 Ⅳ．①F329.533

中国国家版本馆 CIP 数据核字(2024)第 029706 号

清代威县潘固王氏家族土地契约汇编
QINGDAI WEIXIAN PANGU WANGSHI JIAZU TUDI QIYUE HUIBIAN
责任编辑：杜敬红
责任校对：王　丽
装帧设计：高馨月
出版发行：天津社会科学院出版社
地　　址：天津市南开区迎水道 7 号
邮　　编：300191
电　　话：（022）23360165
印　　刷：北京盛通印刷股份有限公司
开　　本：787×1092　　1/16
印　　张：5
字　　数：30 千字
版　　次：2024 年 4 月第 1 版　　2024 年 4 月第 1 次印刷
定　　价：98.00 元

潘固王氏二世祖福全公及其诸兄画像

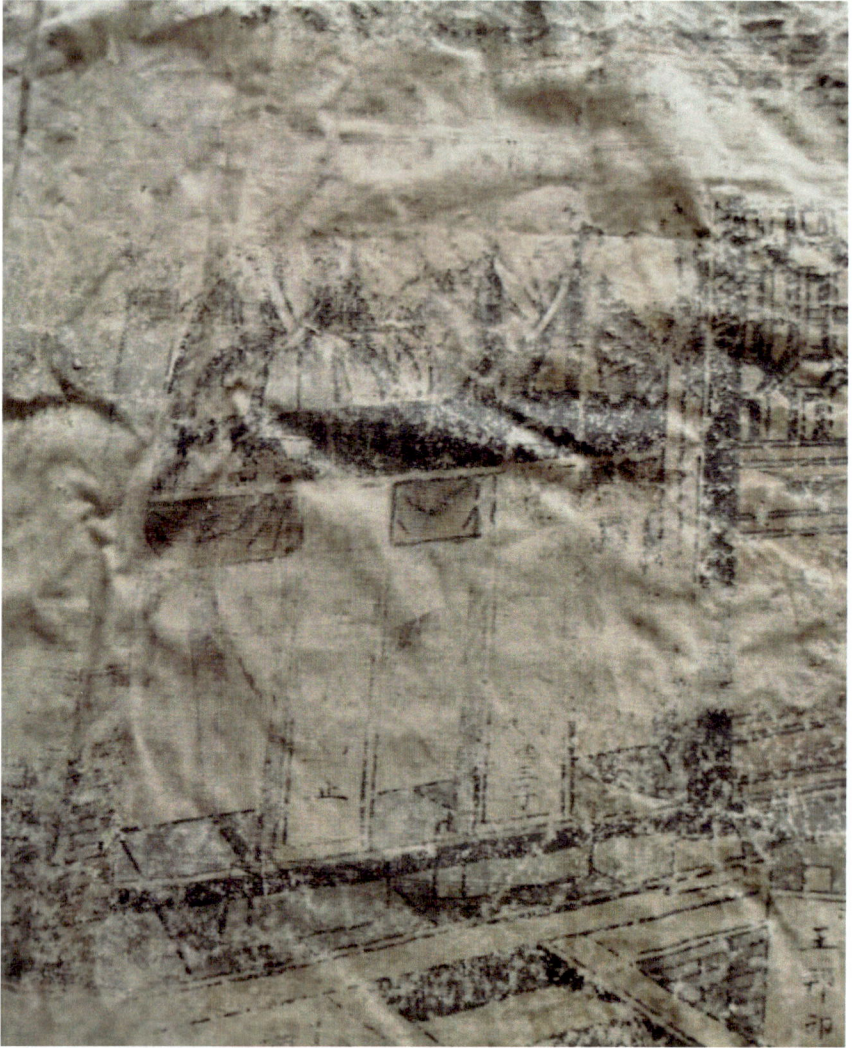

潘固王氏三世祖王泰、王政公画像

自 序

家族史料是家族史研究的重要依托，任何一个家族的发展都有自己的规律，而这一规律当是具有普遍性意义的。历史长河跨越了千年，孟子曾云"君子之泽，五世而斩"，认为家族的兴盛一般不过五代，但有的家族却发展了几百年，人才济济、代有贤才，这应该就是家族成功的经验和密码所在。

河北威县潘固王氏家族是一个普通的农村家族，自明洪武十六年（公元1383年）从山西洪洞县酒务兔村（应为闻喜县酒务头村）移居威县至今，已640余年，传承24代，世代秉承古代传统处事哲学，以耕读传家，把"绍祖宗一脉真传克勤克俭，教子孙两行正路惟读惟耕"作为教育后人的宗旨。关于明朝时期的家族情况，现已基本无考，只知道二世祖福全公曾"孝闻乡里"，因为新中国成立后，发现了福全公的墓葬，出土了一合砖刻墓志铭，上面的文字记载虽已失传，但"孝子"二字被族人记忆传承了下来。第十世祖国定公时，当值清朝建立，之后家族进入一个快速发展轨道，虽然人丁比较单薄，却能够积极进取，如十三世来玉公曾中生员，黉门秀才固然尚无入仕资格，却大大提振了家族人的信心。现在家族中保存最早的一张地契就是来玉公于嘉庆十一年（公元1806年）购买土地时所留，之后振邦公、长林公开始置业兴产。

纵观家族文契，官方红契占了近二分之一，其余虽是白契，但也经过官府验证，基本每张契上都有印章。这说明先辈们很是能利用国家的法律规定来保护自己的权益，这一方面表现了他们的睿智，另一方面也给后人谨慎从事做出了榜样。尤其是王清安公传承的土地文书，多用苏州码记载土地数量，这更为子孙辈细致工作提供了借鉴。

天道循环，经过几代人的努力，家族文脉在第十代和第十七代上实现了突破，其中十世王国祚中明崇祯壬午科（公元1642年）举人，十七世王绍廷中清光绪壬寅补行庚子辛丑恩正并科（公元1902年）举人，虽然二人都是王朝的末科中举，但也实现了祖辈文教兴家的夙愿。继之王来廷、王露廷、王宝廷亦先后就读于北洋法政学堂、国立兽医学堂和农业专科，之后数代，代有人才，王敏德就读省立第六师范，王谦德十四岁参加革命，是潘固村第一名加入中国共产党的党员，新中国成立后出任湘省博物馆馆长，王敏德、王慎德、王谦德三兄弟和睦共处的情谊，一直为家族所津津乐道。祖德厚重，恩泽后人，改革开放后，大批后生小子纷纷入各高校就读学习。

孔子曾言："君子有三畏：畏天命，畏大人，畏圣人之言。小人不知天命而不畏也，狎大人，侮圣人之言。"当先辈经过辛勤劳作传承了血脉和家风后，我们更应该时时心怀敬畏，以"不让祖宗蒙羞"为家训根本砥砺前行！

本书收集了河北威县潘固西股王氏王清泉之德茂堂和王清安之人和堂的有关地契文书资料，皆为原始文献，现整理而出，以供贤者研参。恰值本书付梓之际，机缘巧合，与山东滕州朱姓族亲朱小刚先生论及整理家族文献之事，小刚先生鼓励有加，悉心指导。亲亲相厚，按家族辈分论，朱小刚先生作为叔辈，现为齐鲁银行天津分行公司部负责人、天津市河东区青联委员，青年才俊、敦厚从容，经常给我以工作、生活建议与关怀，特志之以敬焉。

藤县朱姓之"丕以怀继广　绍宗绪士长"辈者，系吾家族亲眷，十世祖国祚公中举，避乱寄居朱门，亲亲相厚，一子留居，三子回。后世子孙若遇朱家则敬之、礼之，以舅礼待也。

——同治六年冬月吉

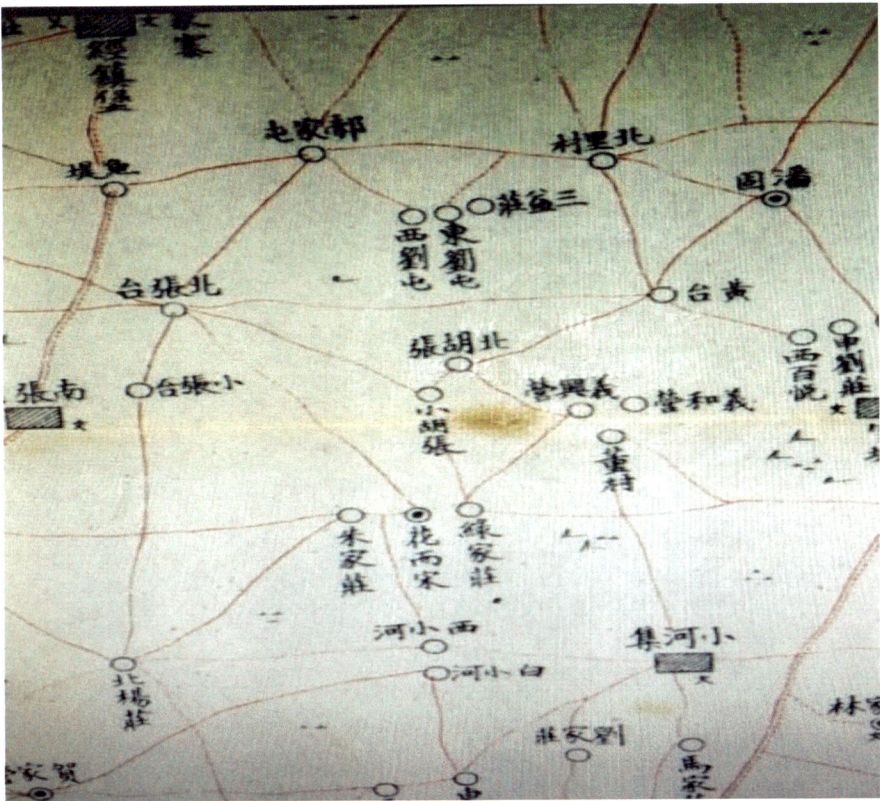

大清同治年间所绘潘固村地图

壹 土地买卖
001

贰 房屋买卖契约
023

叁 『五大院』分家单
031

肆 附录
039

壹

土 地 买 卖

一、王清泉之德茂堂地契文书

1. 立契人吕良乔,今将自己庄地四亩二分一厘七毛八系,坐落村西,会同官中吕良素、吕会祥、王士随说合,卖与王奉恺名下永远为业,言明时价每亩银钱六两正,当□□收明白,两家情愿,各不翻悔。自买之后,随即过隔□输,卖主户族邻右不得异言,如有争端,卖主一面承当,恐后无凭,立此买契存照。(南活六步二小尺八寸,南中活六步二小尺八寸,北中活六步四小尺一寸,北活七步正)东至吕良实,南至马文典,西至王长久,北至大道。照得买卖房地,全凭□契载明年月、四至、价值、钱粮,以昭永远,今查各乡所立文券,并不明白,叠滋事端,兹仿照邯郸永年旧规,刊刻卖契,交各村庄经纪收存,以便买房地人随时取用,照规填写,以杜争端,其工□纸张,官府俱备,经纪人等不许索取分文,致干重究。

——嘉庆十一年十二月初一日

2.威县正堂程□□照事，现在司尾贴完具文请领，俟领到日，补贴契尾，先给此为照。业主王奉恺买吕良乔四亩二分，价银二十五两三分，纳税银七两五分九厘。右给业户王奉恺。

——嘉庆十二年□□日发

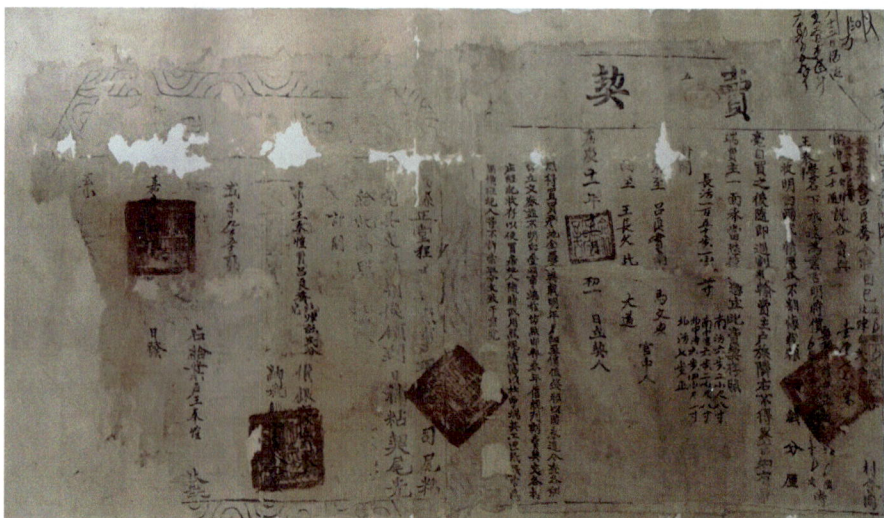

3.立文人吕良乔，家西道南地，计地四亩二分一厘七毫八系，东至吕良实，西至王长久，南至马兴典，北至大道，今同官中人吕会祥、王士随、吕良素。（长活一百五十步零一小尺三寸，南横活六步二小尺八寸，南中横活六步二小尺八寸，北横活六步四小尺一存，北横活七步正）

——嘉庆十一年十二月初一日立

4. 立文人王金成，家西地，计地三亩二分九厘一毫八系，东至伙路，西至吕风天，北至王典家，南至王汉明，四至分明，今同官中人李清魁。长活一百三十步零四小尺，南横不明，中横活六步零二寸，北横三活同。

———嘉庆十九年十二月二十日立

5. 立文人王九柱、王振白、王长法，家西地，计地五亩五分二厘零一系五忽，北至地头，南至坟地，东至王思经，西至王奉彩，四至分明，官中人王士随。（长科八十四步零五寸，北横科十五步一小尺一存寸，中横科十五步三小尺二寸，南横科十六步二小尺）

———道光八年十月二十日立

6. 立文人王振白因为不便，今将家西地一段，计地五亩五分二厘零一系五忽，北至顶地，南至坟地，东至王思经，西至王奉彩，今同官中人王士随说卖与王振邦为业，每亩价银七两二钱。王长法亦将自己家后地一段，计地一亩二分一厘二毫九系六忽，北至赵中学，南至王奉合，东至卖主，西至车路，今同官中人王士遂说，卖与王振邦为业，言定每亩价银五两。又有王奉恺将自己村东地一段，计地六亩五分四厘六毫，东至吕良和，西至吕良见，南至小道，北至车道，今同官仲人王士遂说卖与王振邦为业，价钱十二吊二百文，其钱皆当日交足，立文存证。（长科一百七十二步二小尺，北横科九步一小尺四寸，中横科九步一小尺，南横科八步四小尺三寸。长科三十九步二小尺，北横科六步零七寸，中横科八步一小尺，南横科八步零五寸）

　　　　　　　　　　　　　　　　　——道光九年十二月立

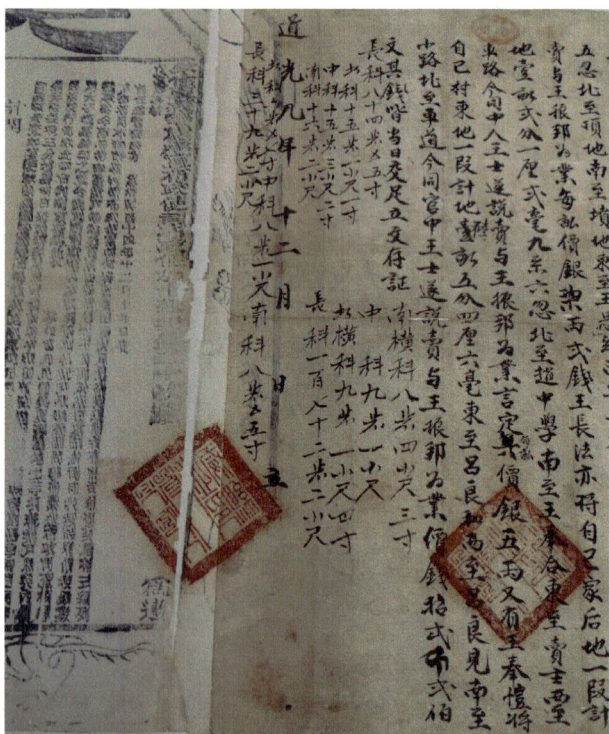

9. 钦命直隶等处承宣布政使加十级□□□为遵旨……业户王振邦,价地二亩八分。

——布字第柒佰捌拾号,道光二十年

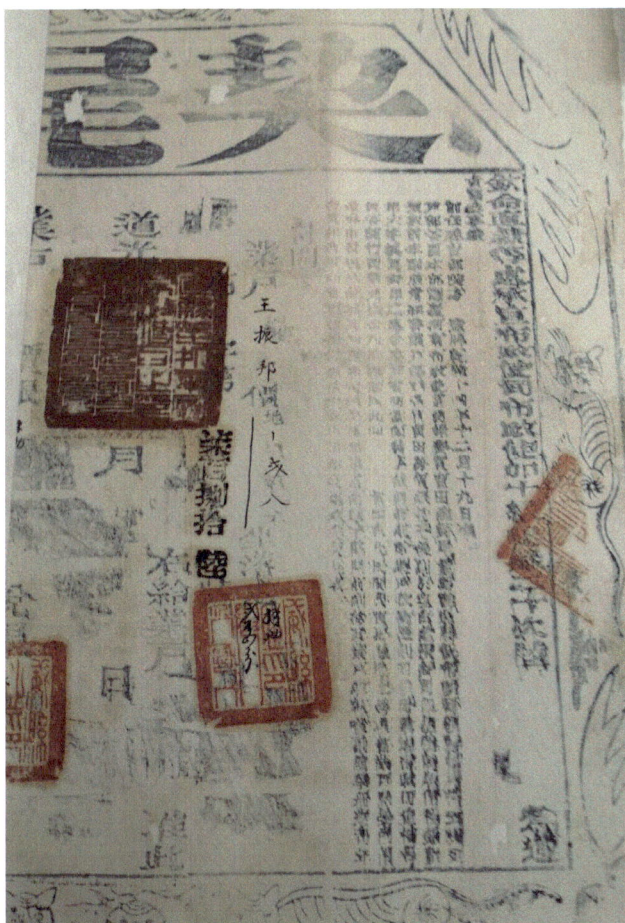

10. 立文人李成典,家西道南地,计地八分一厘八毫六系五忽,东至刚长典,西至王奎林,北至大道,南至王长林,四至分明,今同官中人王长荣。(长科三十二步,横科六步零七寸,西科同)

——道光二十年十二月二十八日立

11. 立卖契人赵德修因为不便,今将自己东北地一段,计地二亩八分七厘零二系五忽,南至地头,东至陶俊昇,西至王思海,北至大道,四至分明,今同官中人王振垌说卖与王振邦为业,言定每亩价银二两八钱,其银当日交足,外无欠少,恐后无凭,立文存证。(长科一百二十九步整,北横科五步二小尺二寸,北中科五步一小尺六寸,南中科五步零八村,南横科五步二小尺二寸)

——道光二十三年十二月廿七日立

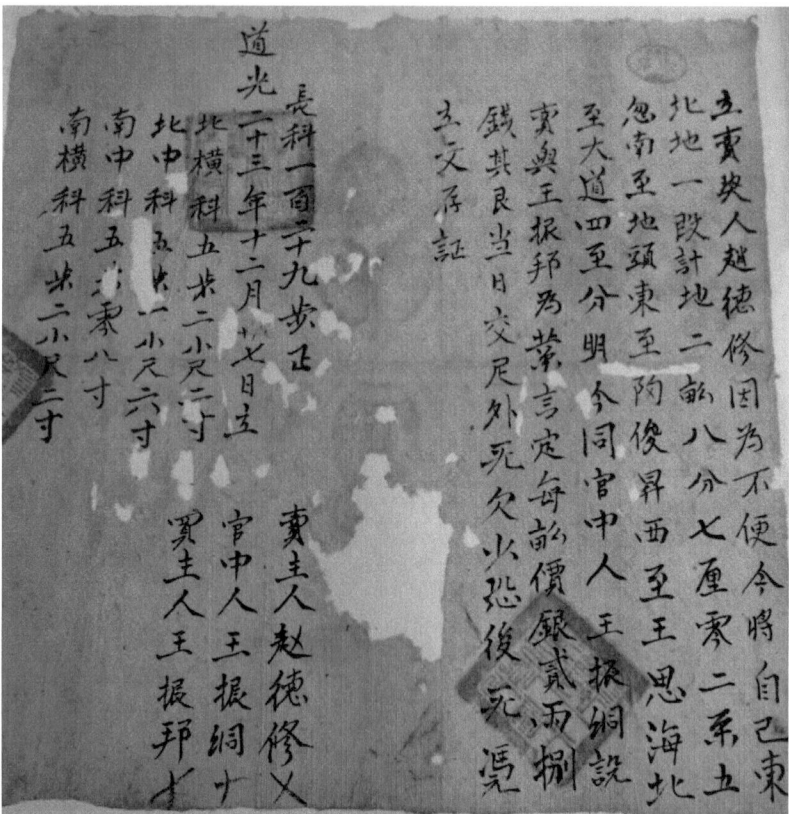

12. 立文人赵德修,家东北道南地,计地二亩八分七厘零二系五忽,南至地头,东至陶俊生,西至王思海,北至大道,四至分明,今同官中人王振桐。(长科一百二十九步正,北横科五步二小尺二寸,北中科五步一小尺六寸,南中科五步零八寸,南横科五步二小尺二寸)

——道光二十三年十二月二十七日立

13. 立文人王清杰,家北地,计地三亩九分三厘七毫五系,东至王惟杉,西至王惟龙,南至王明新,北至大道,四至分明,今同官中人赵惟章。(长活二百一十步,南横活四步零六寸,中横活四步三小尺二寸,北横活四步三小尺七寸)

——同治二年十二月初五日立

14. 立文人王思秀,家西地,计地四亩七分三厘六毫四系五忽,西至王魁杰、吕文明,东至买主,南至地头,北至大道,四至分明,今同官中人吕成进、王大雪。(西长活一百零六步一小尺三寸,东长活一百零一步零六寸,北横活十一步零八寸,南横活十步二小尺九寸,南横活七步一小尺五寸五)

——同治六年十二月二十日立

15.立卖契人赵立会,因为不便,今将坐落潘固村东地一段,计地五亩五分八厘二毫,东至王魁元,南至大道,西至买主,北至大道,四至分明。会同地方经纪赵占禄说合,卖与王长林耕种,永远为业,言明每亩价银钱二两一钱,其钱银当日交足,恐后无凭,立契据为证。(长科五十一步一小尺三寸,北横科二十六步一小尺七寸,南横科二十五步四小尺七寸)

——同治九年十二月十六日

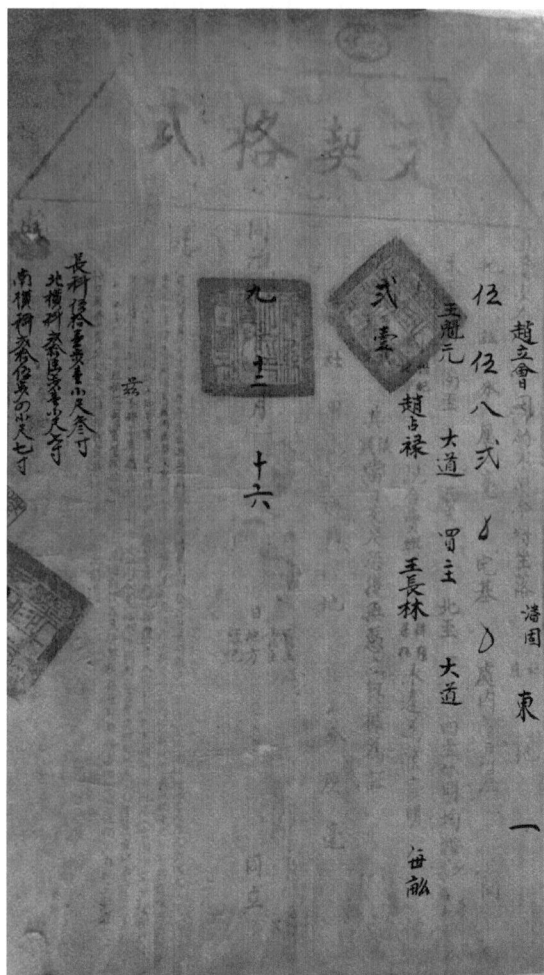

16. 立文契人王名阳，因为不便，今将自己村西地一段，计地三亩二分九厘一毫八系，东至伙路，西至卖主，南至王思立，北至王廷美，四至分明，今同官中人陶永清说，卖与王长林耕种为业，言定每亩价银九两三钱，其银当日交足，外无欠少，两家情愿，恐后无凭，立文存证。（长科一百三十步零四小尺，横科六步零二寸）

——光绪四年十二月二十五日

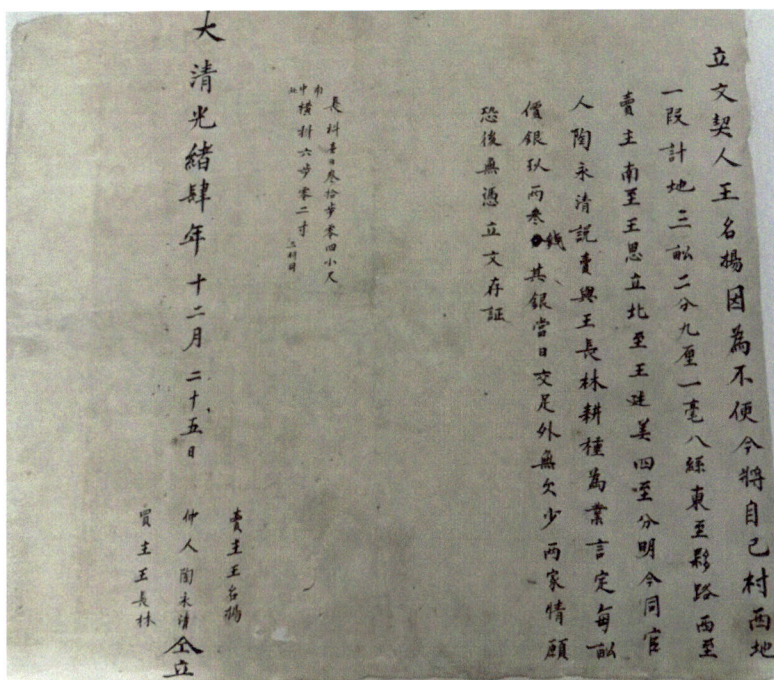

17. 立文人赵占琴因为不便,今将自己村东北地一段,计地八亩一分一厘二毫七系五忽,东至王魁选,西至卖主,北至大道,南至地头,四至分明,今同官中人吕怀芳说卖与王长林永远为业,言定每亩价银一两八钱,其银当日交足,外无欠少,恐后无凭,立文存证。(东长阔一百三十步零二小尺,西长阔一百三十步零三小尺,南横阔十四步四小尺,北横阔十五步零二寸)

——光绪十三年十二月二十二日

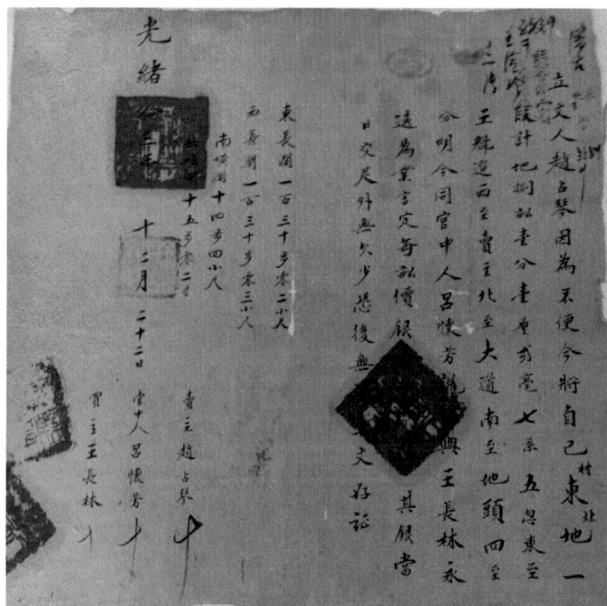

18. 立文人吕三朝,家东道南地,计地四亩九分九厘一毫七系七乎五微,东至王万福,西至王儒林,南至地头,北至大道,四至分明,今同官中人冯心法。(长科二百零三步二小尺,北横科五步四小尺六寸,中横科五步四小尺四寸,南横科五步四小尺三寸五分)

——光绪三十一年十二月十二日立

19. 立文人陶永爽,村东地,计地二亩八分九厘七毫三系二忽,东至王耀功,西至王良起,南至陶永贞,北至大道,今同官中人吕生堂、徐西朋。(长科一百二十步,南横科五步二小尺三寸,中横科五步三小尺九寸,北横科六步整)

——光绪三十四年十二月二十日立

20. 立文人王用庭,家西地,计地二亩八分四厘一毫三系三忽,东至王迎贡,西至买主,南至大道,北至大道,四至分明,今同官中人李连登、赵占林。(长科一百七十步零二小尺四寸,南中北横科四步)

——宣统二年十二月二十六日立

21. 立文人王王氏,村西地,计地十六亩一分四厘二毫四系七忽,东至买主,西至刚登科,南至大道,北至刚尚凯、刚清顺,今同官中人徐西朋。(东长科一百四十步,中长科一百七十九步三小尺,东横长一百零六步三小尺七寸,西横长一百零五步三小尺七寸,南横长十五步整,中横长二十五步三小尺八寸,北横长十四步一小尺)

——宣统三年十二月二十二日立

22. 立文人王清元,村西南计地六亩一分六厘二毫一系五忽,东至王清珍,西至王清濂,北至吕庆年,南至申成文,今同官中人徐西朋。(长科一百二十六步四寸,北横科十一步一小尺三寸,南横科十二步一小尺)

——宣统三年十二月二十六日立

23. 立文人王门王氏,西门外地计二亩七分五里三毫零五忽,东至王耀明、王学贵,西至王清珍,南至大道,北至大道,今同官中人徐西朋。(长科一百二十步零三小尺,南横六步零一寸,中横五步三小尺二寸,北横五步一小尺)

——中华民国元年十二月二十六日立

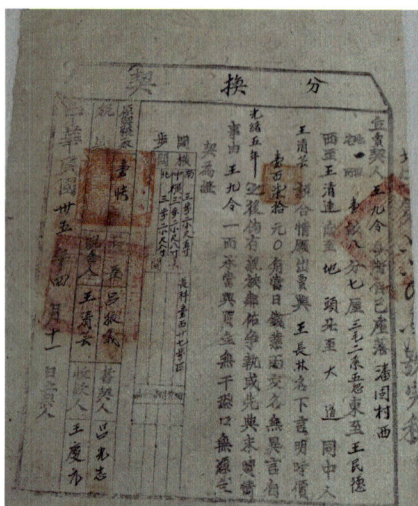

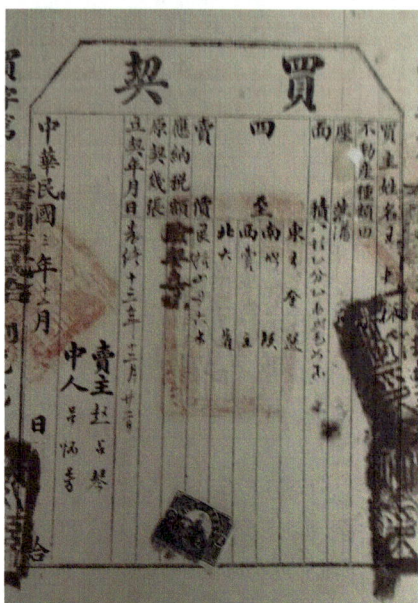

二、王清安之人和堂地契文书

1. 立文人王长法将自己家后地二亩九分九厘柒毫五系八忽,东至于王思忠,西至王奉合,北至王奉环,南至车路,官中人吕会兰,卖于王振邦,每亩价银三两正。

——嘉庆二十一年十二月十三日

2. 立文人王金敬、王振江将自己村西地三亩九分八厘五毛三系一忽,东至吕良干,西至于王奉章,北至大道,南至地头,官中人王士随,卖与王振邦,每亩价银四两。长活一百七十五步二小尺五寸,北横活五步三小尺三寸,北中活五步一小尺四寸,南中活五步二小尺二寸,南横活五步二小尺一寸。

——嘉庆二十四年腊月十五日立

3. 立文人李肃将自己西门外地四亩八分三厘八毛二系,东至王德标,西至吕义里,南至地头,北至大道,官中人王振统,卖与王振邦,每亩价银三两。长活二百四十步零一小尺,南活四步四小尺,中横活四步三小尺六寸,北活五步零五寸。

——道光二十四年十二月廿五日立

4. 立文人赵维治将自己村东地三亩九分五厘二毛一系,东至买主,西至王奉杰,北至钱家坟,南至大道,官中人吕清扬,卖与王长林,每亩价银二两。长科一百零一步零六寸,北横九步二小尺四寸,中横九步一小尺四寸,南横九步一小尺九寸。

——光绪六年十二月廿日立

5. 立文人王祥麟,将自己家东地九亩三分五厘三毛三系五忽,东至吕丙公,西至买主,南至大道,北至地头,官中人王廷美、吕清扬,卖与王长林,每亩价银一两五分。长科一百七十三步一小尺三寸,北横科十步零三小尺三寸,中横科十步零二小尺七寸,南横科十步零一小尺八寸。

又长科五十五步三小尺,南横科七步一小尺六寸,北横科七步四小尺三寸。

——光绪六年十二月廿四日立

6. 立文人陶俊奇,将自己村东地十一亩二分五厘,东至吕廷玉,西至吕六德,北至地头,南至大道,官中人陶永清,卖与王长林,每亩价银二两五分。长科一百五十步整,北横十七步一小尺三寸,北中十七步三小尺,南中十八步一小尺七寸,南横十八步四小尺。

——光绪七年十二月初七立

7.受祖业地：川一川二一8乂（三十六亩三分七厘六毛五系四忽）

本地：川〇丨乄8乂二（二十亩一分九厘五毛四系七忽）

安丁银：丨三丨二一（一两八分七厘六毛），地：一8乄（六两五分九厘）

安丁少：川二一88（三亩一分六厘五系五毛），买吕宝琴地：一川乄8一（六亩二分九厘五系六毛）

仙号：乄三川乄〇8乄（四十八亩九分零五系九毛）

韶号：乄乄二8二（四亩四分七厘五毫七毛）

共地数：丨川三三三一川8（一百二十八亩八分八厘六毛二系五忽）

8.立文人陶永泰,将自己村东地七亩零零七毛二系四忽,东至卖主,西至吕长泰,北至大道,南至地头,官中人赵立公,卖与王清安,每亩价银一两八分。长科二百零三步三小尺,横科八步一小尺三寸,三科同。

——光绪八年十二月廿八日立

9.立文人吕长太将自己村东地八亩三分六厘六毛五系六忽,东至买主,西至吕中月,北至大道,南至地头,官中人吕长太、吕怀方卖与王清安,每亩价银二两正。长科二百零一步一小尺,北横科九步三小尺五寸,中横科九步四小尺五寸,南横科十步零一小尺七寸。

——光绪十三年十二月廿二日立

10. 承受祖业,村东北南北地一段,计地六亩四分八厘七毛三系六忽,西至王清廉,东至王鸣皋,南至大道,北至大道,同中人王清学、王耀明、李连祥,分与王鸣韶永远为业,恐口无凭,立文存证。西长活二百四十步零四小尺二寸,东长活二百卅五步四小尺六寸,北横活六步四小尺六寸,北中活六步三小尺六寸,正中活六步二小尺六寸,南中活六步一小尺五寸,南横活六步一小尺。

——中华民国八年十二月十六日立

11. ｜乂(十四)年四月初三算,共种地:｜乂≐8｜(一百四十亩七分五厘一毛)。

12. 立文人王凤起将自己村西地四亩八分二厘一毛六系八忽,东至王清令,西至买主,北至地头,南至王祖莹,又至大道,官中人王勋、吕怀方,卖与王清安,每亩价银十一两。北长科八十四步三小尺,北横科十一步三小尺九寸,中横科十一步三小尺四寸,南横科十一步一小尺一寸,南长科八十五步三小尺五寸,北横科二步三小尺,中横科二步一小尺,南横科二步二小尺三寸。

——光绪十年十二月初四日立

13. 立文人吕宝琴将自己村西地十一亩三分一厘,南至地头,北至大道,东至王清连,西至卖主,官中人吕长有、陶殿元,卖与王鸣韶,每亩价银二两。长科一百九十五步二小尺七寸,横科十三步四小尺六寸,三科同。

放坟三个,长科九步整,横科四步三小尺二寸,除之若干。

——光绪二十年十二月十五日立

14. 西门外地:计地十亩三分九厘七毛七系五忽。

——宣统二年十二月十八日立

15. 立文人李马氏将自己西门外地十亩零五分七厘七系五忽,西至王荣昌,东至大道,北至买主、小道,南至王荣昌,官中人赵占林,卖与王鸣韶,每亩价银四吊二百文。

长科一百八十六步四小尺,北横科十一步四小尺四寸,中横科十三步二小尺六寸,倍中算。南横科十二步二小尺四寸。

北头一小段,南横科五步零三寸,北横科四步零三寸,又长科三十步整。

16. 立文人王祥庆将自己村西东西地一段,计地七亩六分七厘一毛三系三忽,东至王耀先,西至王学文,南至王学义,北至王孝河,同官中人李连登、徐西朋说卖与王鸣韶,每亩价银十五两五分。

长科一百二十四步二小尺,东横十四步三小尺五寸,中横十四步四小尺五寸,西横十四步四小尺。

17. 行粮地：丨丨亠三〇丨メ三；韶自己地：丨三〇亠夂〇三；人和堂地：三メ〇δメ夂

18. 立文人刘荫森将自己村西北地十亩四分三毛九系，东至王槐廷、卖主，西至刘荫槐，南至刘祖地头，北至地头，官中人刘贵文、王树成说卖与王鸣韶为业，共价大洋一百一十元，笔下交清，并无短少，恐空口为凭，立文存照。

长阔一百卅三步二小尺，北横活一十八步三小尺四寸，中横活一十九步一小尺二寸，南横活十九步一小尺一寸。

——民国十三年十二月二十四日

19. 立文人王美箱将自己村东地七亩一分八厘八毛三系三忽，东至刚克明、卖主，西至王耀文，南至大道，北至大道，官中人王生、陶殿元，卖与王鸣韶、王耀名，每亩价银二两二分。（此地分与王耀明）

——宣统元年十二月十八日立

20. 立文人王美箱将自己村东地八亩九分三厘六毛三系四忽，东至徐德荣，北至地头，西至王万廷，南至大道，官中人王生、陶殿元，卖与王耀名、王鸣韶，每亩价银二两二分。（此地分与王耀明）

长科一百一十六步三小尺，南横科十九步二小尺一寸，中横科十八步二小尺一寸，北横科十七步一小尺七寸。

——宣统元年十二月十八日立

21. 立文人陶殿元,将自己村东地十一亩八分四厘二毛八系九忽,东至王万柱,西至王鸣韶,南至地头,北至大道,官中人陶殿元、王生,卖与王耀名、王鸣韶,每亩价银二两六分。(此地分与王明韶)

长科一百一十六步,南横科十四步,中横科十二步四小尺五寸,北横科十二步一小尺五寸。西南角长科十二步二小尺,横科一步三小尺。

——宣统元年十二月二十七日立

22. 立文人申兆行将自己村东北地十五亩零二厘三毛七系二忽,东至刘舒武,西至刘舒泰,南至大道,北至地头,官中人申德修、李连登、赵占林,卖与王耀名、王鸣韶,每亩价银四吊八百文。(此地分与王鸣韶)

——宣统二年十二月初八日立

23. 立文人李寅将自己村东地十九亩零九厘一毫,南至地头,北至大道,东至买主,西至王中和,官中人吕元祥、王仲信、徐西朋,卖与王耀名、王鸣韶,每亩价银四十二千六百文。(此地分与王耀名)

——宣统三年十二月廿一日立

24. 立文人马太和将自己村北地九亩五分八厘二毛一系八忽,东至刘文普,西至马文田,南至刘家坟,北至地头,官中人陶殿元、王生、马双文,卖与王耀名、王鸣韶,每亩价银二两三钱。(此地分与王明韶)

长科一百四十一步四小尺,内除斜道九尺,南横科十五步一小尺,中横科十六步三小尺,北横科十七步整,南头刀把长科十一步一小尺,横科二步正。

——宣统元年十二月十八日立

25. 立文人王祥庆将自己村西地已段,计地三亩六分八厘二毛八系,东至王博文,西至王门王氏,南至王博文,北至大道,同官中人李连登、徐西朋说卖与王耀明、王鸣韶,每亩价银十五两五分。

长科六十四步四小尺,北横科十四步一小尺六寸,中横科十三步三小尺,南横科十三步整。(此地分与王耀明)

——中华民国元年□月□日立

贰

房屋买卖契约

一、王清泉之德茂堂文书

1. 立文人王明奎、智，因为不便，今将自己宅基一所，北房五间，东房两间，灰尘不动，土木相连，北至胡同，南至伙路，西至买主，东至王祖，东至伙路，四至分明，又代获街地一段，南北一丈二小尺，四宅共用，今同官中人王明智说卖与王长林永远为业，言定卖价京钱二百七十千正，其钱当日交足，外无欠少，恐后无凭，立文存证。（南北四丈二小尺五寸，东西五丈一小尺五寸）

——大清光绪九年十二月二十三日

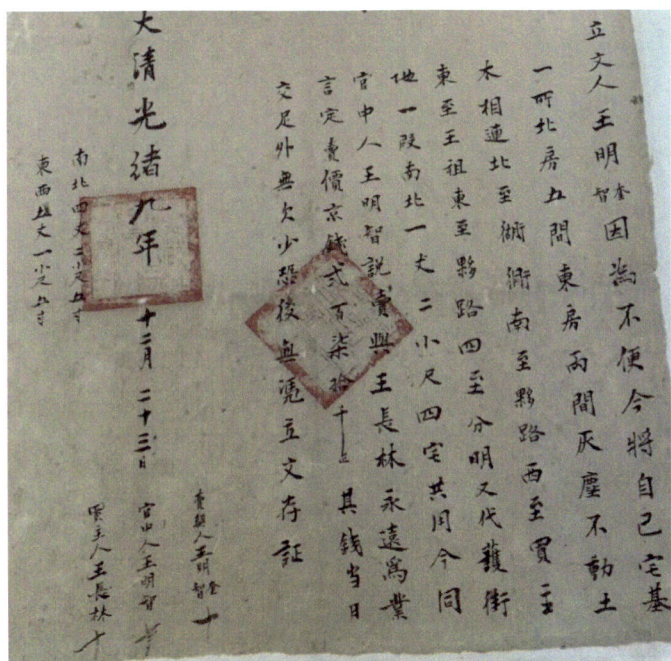

2. 立文契人王九令为不便，今将自己场院一所，东至伙路九尺，西至卖主，北至王祥起，南至李法祯，四至分明，今同官仲人王清云、王魁先，说合人吕老杰、吕老成、王廷美、王训说卖与王长林永远为业，言明价钱京钱六十五吊正，其钱当日交足，外无欠少，恐后无凭，立文存证。（长科三丈七小尺，横科五丈二小尺，横科回出二尺四寸）

——大清光绪十伍年三月初六日

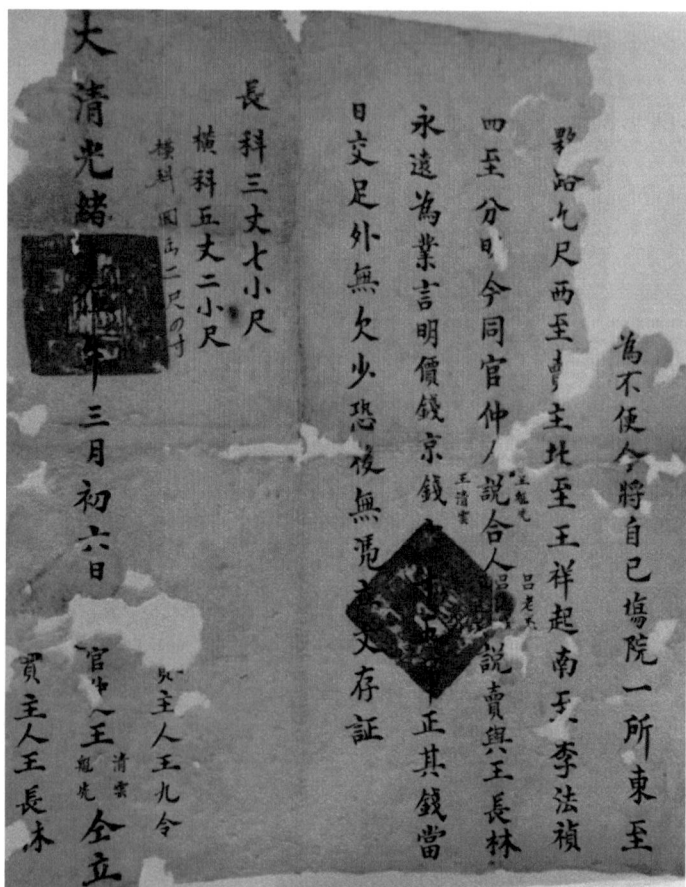

3. 立文人王清耀，因为不便，今将自己宅基一所，上代房四间，西房两间，南房两间，过道一间，枣树一棵，灰尘不动，土木相连，东至王王氏，西至李贵祥，南至伙路，北至胡同，今同官中人赵占琴说，卖与王清泉永远为业，言明卖价京钱一百五十吊，其钱当日交足，外无欠少，恐后无凭，立文存证。（南北科四丈三小尺五寸，东西科二丈四小尺五寸，东西科三丈四小尺）

——宣统二年十二月二十八日

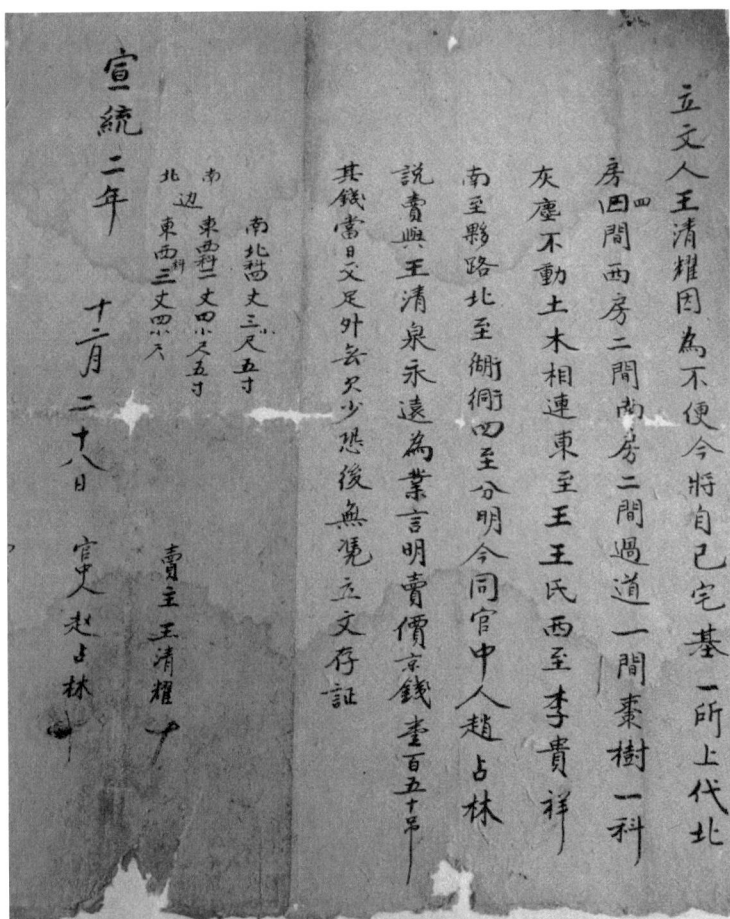

4.立文人王登云,街东宅基一所,北房二间,东房二间,过道大门一间,土木相连,东至胡同,西至官街,南至王思立、吕恒钧,北至王登山,四至分明,今同官中人刘治典。

5.立文人王明奎、王清章,宅基一所,上带北方十间,东至王祖,有伙路,西至王学习,北至胡同,南至伙路,四至分明,又代护街地一段,南北一丈二小尺,四宅公用,今同官中人王明智。西边部分(南北四丈五小尺五寸,东西四丈三小尺九寸),东边部分(南北四丈二小尺五寸,东西五丈一小尺五寸)。

——光绪九年十二月二十三日立

6.立文人王学曾,间宅基一所,土木相连,砖瓦不动,四至灰界可凭,东至李义德,西至王子立,南至王宁立、王蒙学,北至胡同,四至分明,今同官中人王清学,说合人吕老雅。东边南开科四丈二小尺五寸,西边南北科四丈一小尺五寸,东西科二丈八小尺(二科同)。

——光绪十九年十二月初一日立

7.立文人王王氏,街东宅基一所,土木相连,砖瓦不动,四至,过道大门一间,枣一科,东至胡同,西至官街,南至买主,北至王鸣扬,四至分明,今同官中人陶店庆。

长科三步四小尺五寸,北横科九步四小尺五寸。

——宣统元年十二月二十二日立

二、王清安之人和堂文书

1. 立文人王长兴因为不便，今将自己空宅院一所，东至王万祥、王长兴，西至胡同，北至伙路，南至王登山，四至分明。今同官中人陶永清说卖与王长林永远为业，言明卖价京钱四千吊，其钱当日交足，外无欠少，恐后无凭，立文存照。

南北长活五丈整，东西横活四丈二小尺六寸。

——清光绪柒年十二月廿三日立

2. 立文人王明治因为不便，今将自己闲地基一所，上代树两棵，东至王波清，西至王清学、王学合，北至官街，南至买主，东南角至伙路，四至分明。今同官中人徐得荣说卖与王鸣韶永远为业，言定卖价京钱二十二吊文，其钱当日交足，外无欠少，恐后无凭，立文存正。南北长活十六步二小尺八寸，东西横活九步整。

——清光绪三十四年十一月廿一日

3. 立文人王明治、王明阳因为不便，今将自己闲地基一所，上代树一棵，东至王波清，东中至伙路，又至王耀堂，北至大道，南至胡同，西北至王学合，西中至王清泉，又至伙胡同，四至分明，今同官中人吕奉臣说卖与王长林永远为业，言明卖价京钱二十二吊，其钱当日交足，外无欠少，恐后无凭，立文存证。南北长科二十六步一小尺三寸，东西横科九步整。

——大清光绪四年十二月初六日

4. 立文人王学习因为不便，今将自己车路南空地幅一所，北至车路，南至卖主，东至王清珍，西至买主，四至分明，今同官中人陶殿元说卖与王鸣韶永远为业，言明京钱五十二吊，其钱当日交足，外无欠少，恐后无凭，立文存证。南北宽一丈九尺九寸，东西长四丈三尺二寸。

——清光绪二十一年十二月十二日立

5. 立文人王庆太因为不便，将自己宅基一所，上代北房二间，东房三间，灰尘不动，土木相连，四至灰界可凭，东至王梦橡，西至伙胡同，北至买主，南至王步清、王步海，四至明白，官中人吕廷学、李修竹说卖与王鸣韶为业，言定价银一两五十吊，其钱当日交足，两家情愿，不许反悔，恐后无凭，立文存证。南北长科五丈，东西横科四丈八尺五寸。

——民国二年十二月廿六日同立

叁

"五大院"分家单

立分单人王清泉，情因父亲寿终，与胞弟清廉、清风、清珍、侄鸣韶等商议停妥，要请仲人吕老廷、吕老成，同族人王登高、王清云，亲戚郭心生，家长王长兴公同议论，与慈母除养老地三十八亩，以为奉养花费，与胞妹七姐除地六亩以为嫁妆之费用，下剩宅基地土按五股天选均分，清泉所分南院东宅一所，街东宅北半截，搭砖三千二百个，碾子一盘，场院一所，新车一辆，死契地三十四亩八分又余，当契地三亩有余，前后之事俱各说明分清，毫无葛藤，大家情愿，恐口无凭，立单存证。

——大清光绪十九年十月廿五日

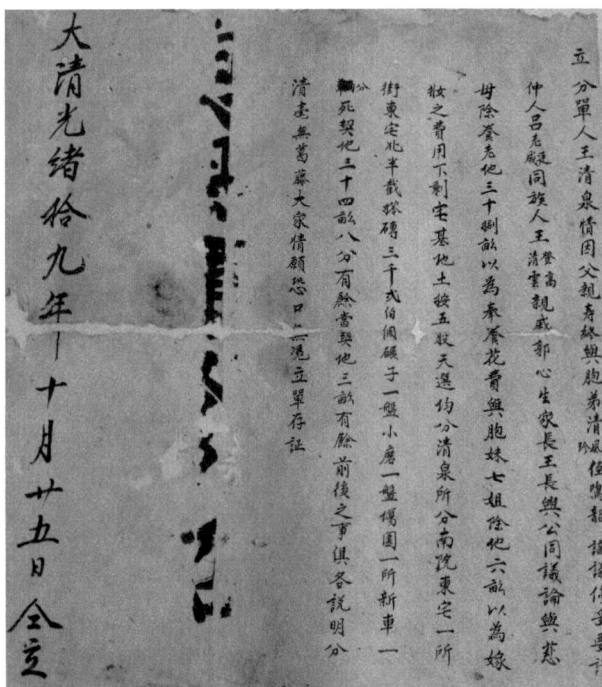

分家单

始祖王士能

元配白氏继配李氏生五子　志禹志
禄佐禄三福懂四福有五福全
洪武十六年自山西平阳府洪洞县酒
务毫村迁居於威县城东北潘固因初来
蔚保叔住伯仲四支　才兴保祀蔚迁
居长北湖章　士远保兄迁居於北章
台　士果保弟迁居於黑胡庙

自明初洪武十六年始祖
王士能迁於
威县城北潘固二世兄弟五人家庭和睦
子孙盛昌传至於今其世起二十辈矣十
五世讳龄十七世讳起辑先十八世讳贤
十九世挺涛细心详查家谱俾明统系电
无紊乱恐日後历年已久支脉分歧隔绝
世莫能同气连枝追溯一家实为上举
祖宗下着子孙念及此然吾世後辈不可
不注意常备家谱以示世辈之根基焉
　　　　　　　　　　　　昔
中华民国三年岁次甲寅四月中浣之吉序

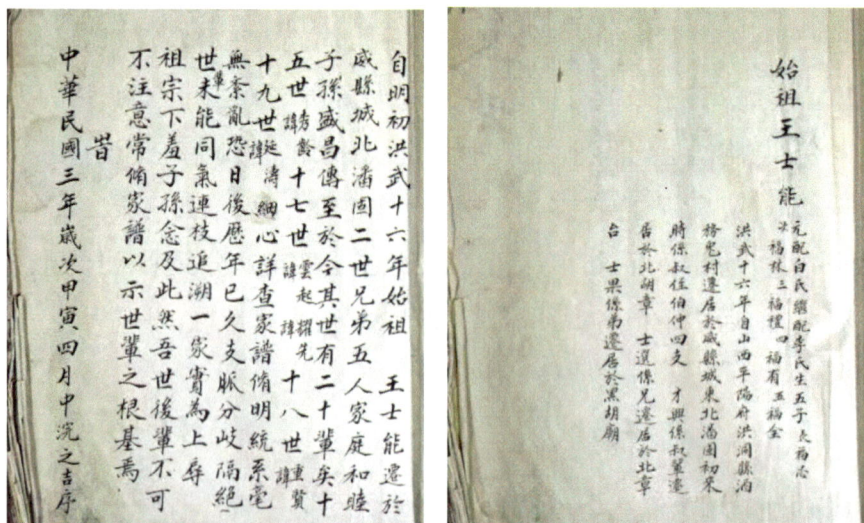

威县王氏潘固家谱

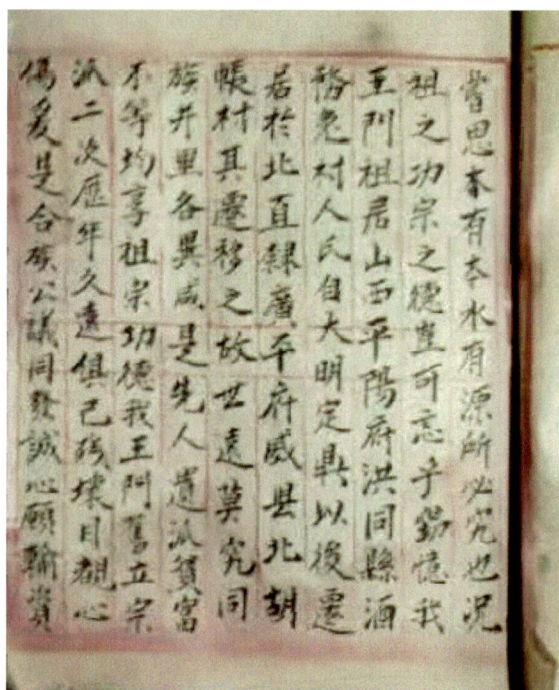

尝思本有本水有源所必究也况
祖之功宗之德缵绪可忘于勤德我
王门祖君山西平阳府洪洞县酒
务毫村人民自大明定兴以後迁
不等均享祖宗功德我王门旧立宗
族开里各异咸是先人遗诚贺富
帐村其迁移之故世遗莫究同
居於北直隶广平府威县北胡
派二次历年久远俱已残缺目睹心
偶爰是合族公议同发诚以顾输赀

威县王氏北胡账家谱

祖居山西平阳府洪同县酒务兑村人氏

明太祖洪武开基迁居于此十有五世至今

共计三百八十一年重修家谱分大门二门

自

大门家谱

尤甚钦差选择□奄或因见亲而凌我同宗尝祸卖

爱而为我共族或因势力而给外援害我本支历为祸卖

可胜指然兑外与姓为之实谱之不清致之也兹因家谱重修告

成必期合□议此上家谱有顺者名旁添某显有几子尝名下条

掐求富中名正言顺全规之者下不妨书

诸名下不□谱以乱家谱□

娶某不正言者以子乃子可保姓氏不□乱家谱矣

祖宗威古但也世世虚祖下左有酮子二人未详

谱证书之于孙上家谱者鉴根谢想甚娶刘氏坊

于此永为后堂祖下金其另立茶

康熙伍十九年岁次□□冬之吉書

威县王氏北章台家谱

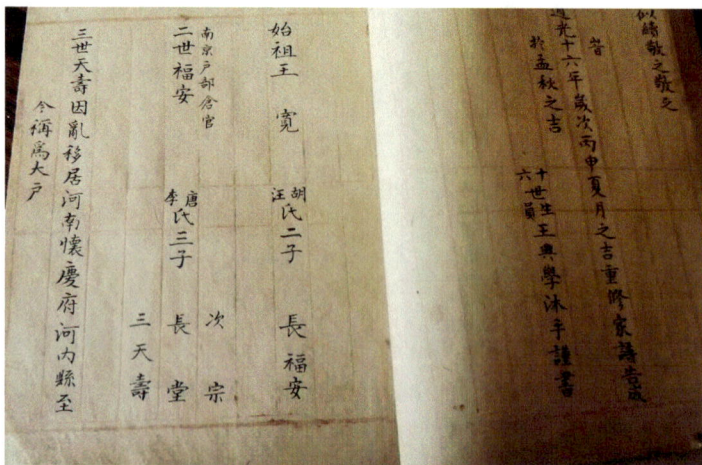

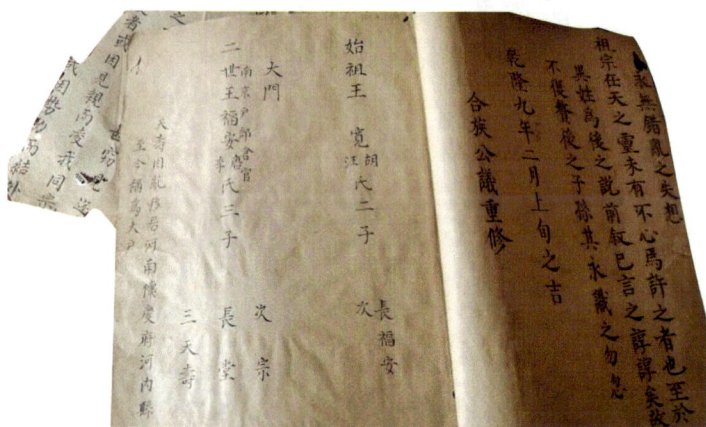

威县王氏北章台家谱

潘固王氏王清安之人和堂账册

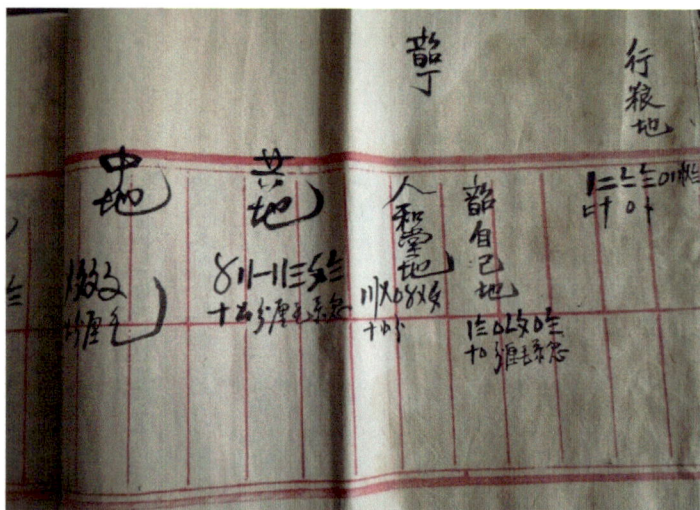

潘固王氏王清安之仁和堂账册

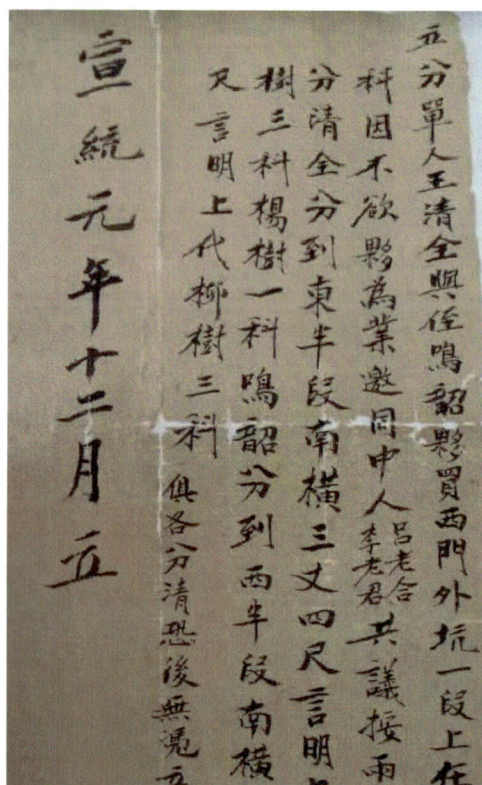

笔者曾祖与伯高祖分水坑文契

肆

附 录

附录一 土地、房屋契约及账册

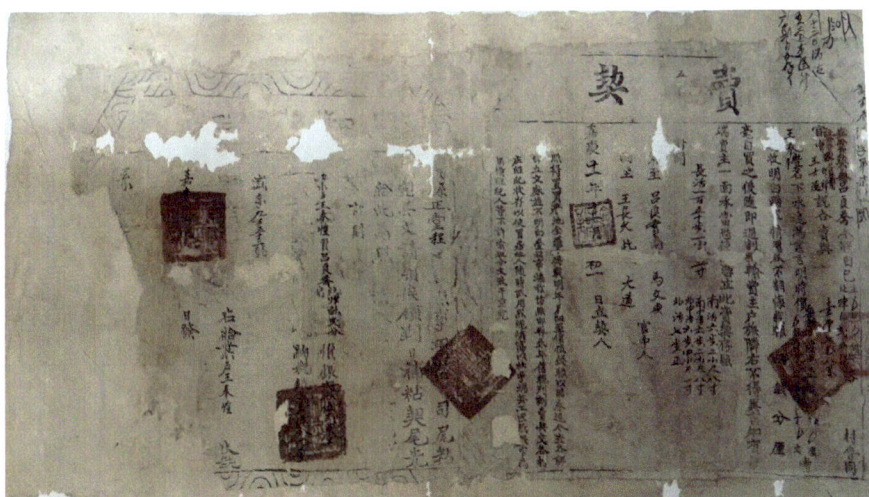

1.威县潘固王氏家族土地买卖契约（清嘉庆十一年十二月）

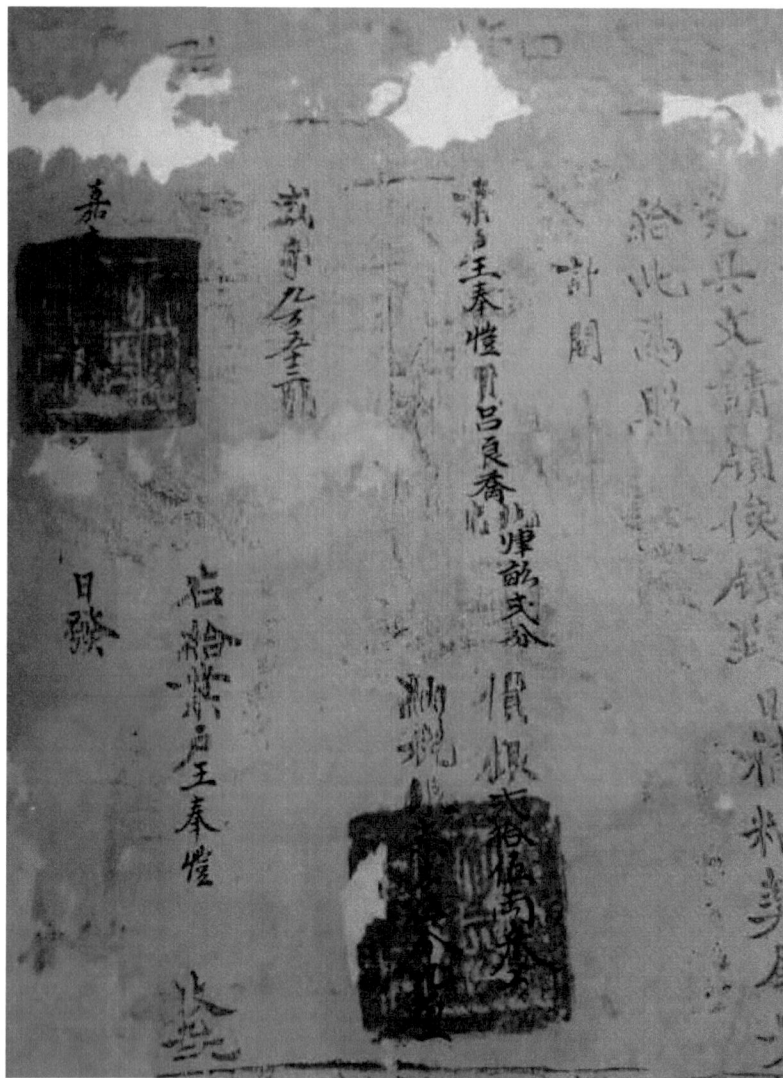

2. 威县潘固王氏家族购买土地契约（清嘉庆十二年）

3. 威县潘固王氏家族购买房屋契约（民国三十五年四月）

契 買

買主姓名
不動產種類 四
座落 潘固
面積 壹拾□分□厘□毫□絲
東至 全廷
南至 公路
西至 賣主
北至 大道
原契幾張
應納稅額
賣價
中華民國三年□月

立契年月日

賣主 赵□琴
中人 呉□芳

4. 威县潘固王氏家族购买土地契约（民国三年八月）

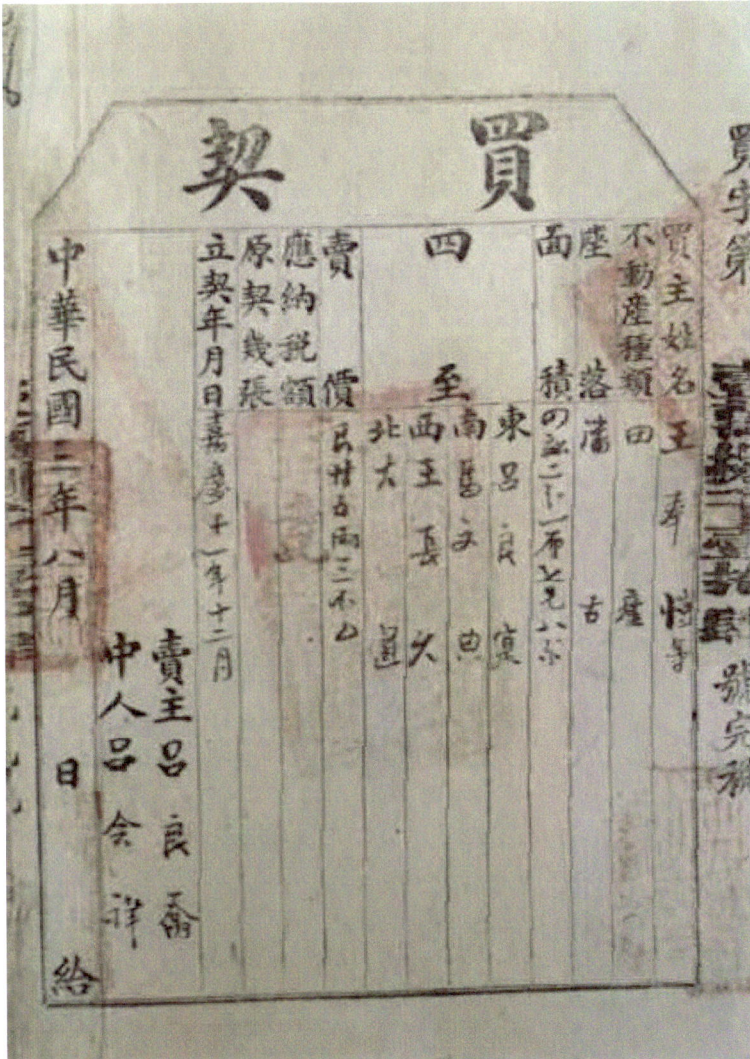

5. 威县潘固王氏家族购买土地契约（民国三年八月）

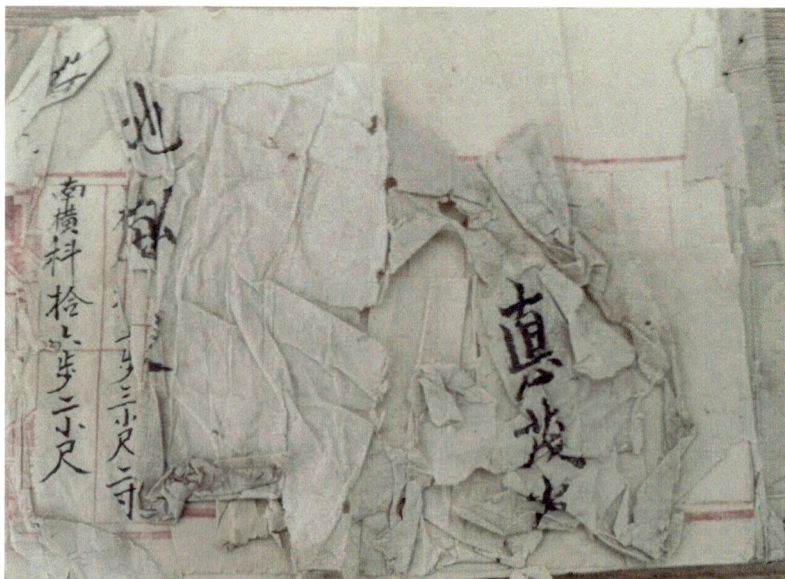

6. 土地账册封面（残片）

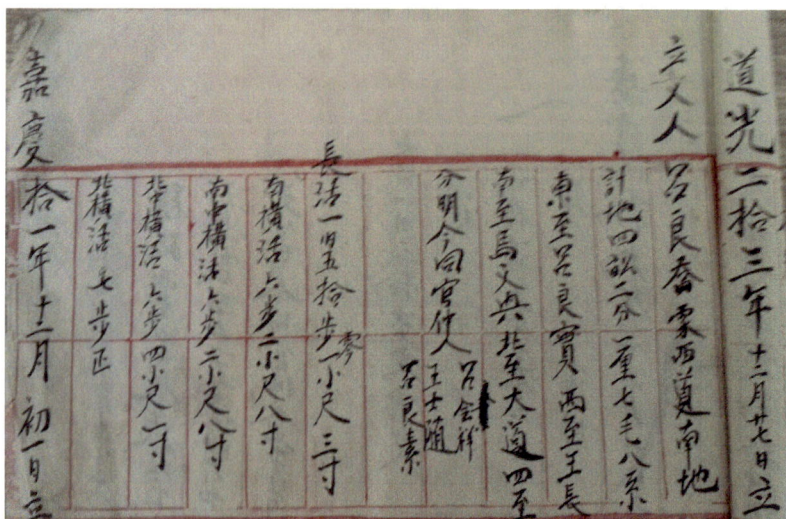

7. 土地账册内页（清嘉庆十一年十二月）

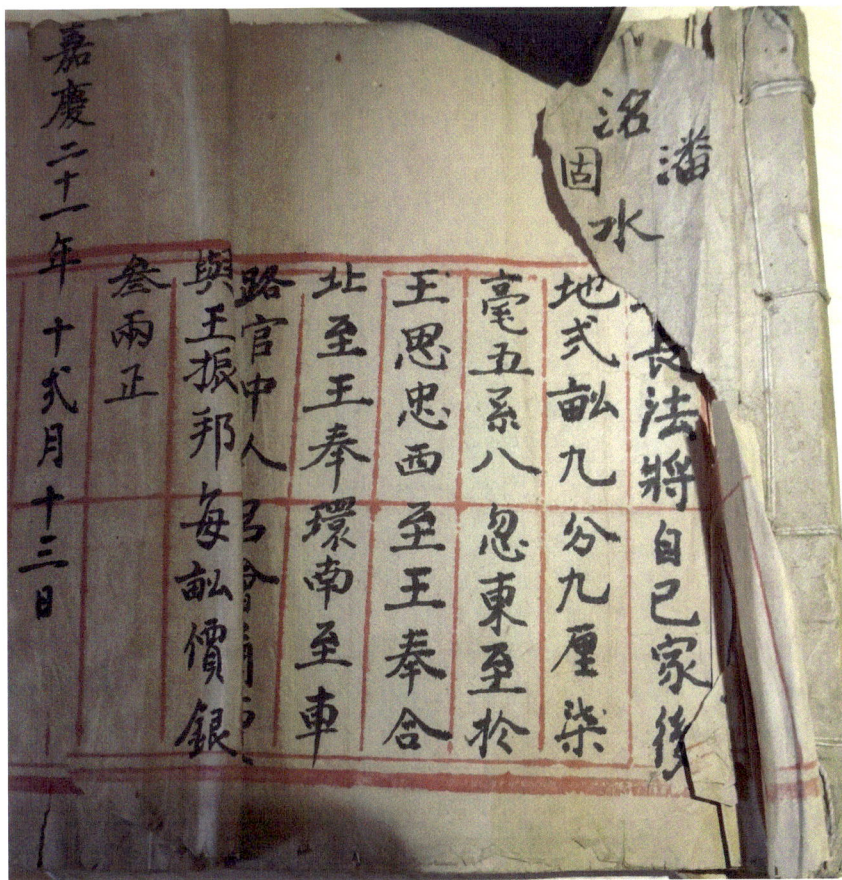

8. 土地账册内页（清嘉庆二十一年十二月）

9. 土地账册内页（清道光二十三年十二月）

10. 土地账册内页（清同治二年十二月）

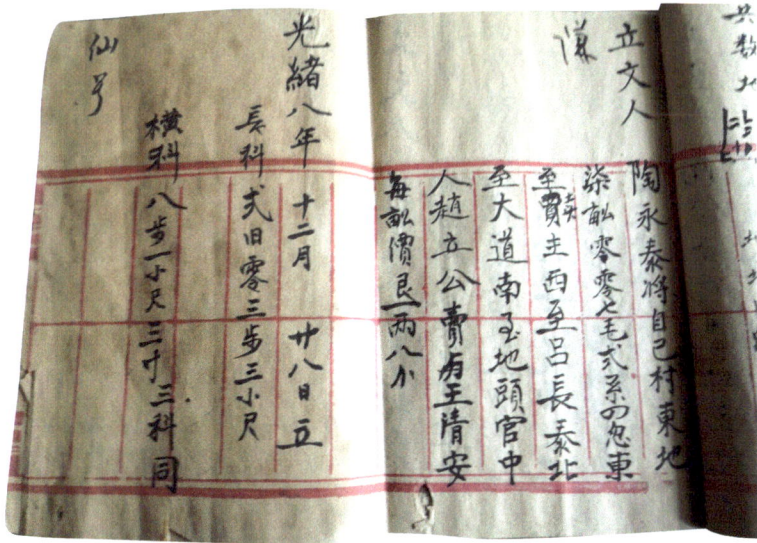

11. 土地账册内页（清光绪八年十二月）

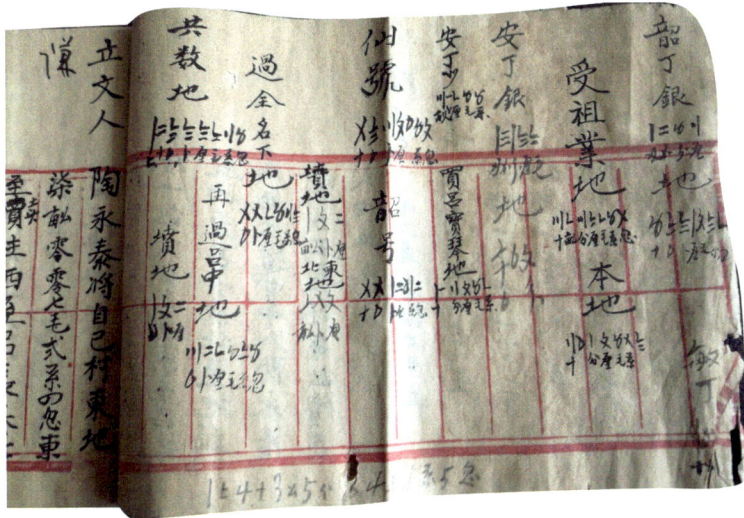

12. 土地账册内页

附录二　家谱资料

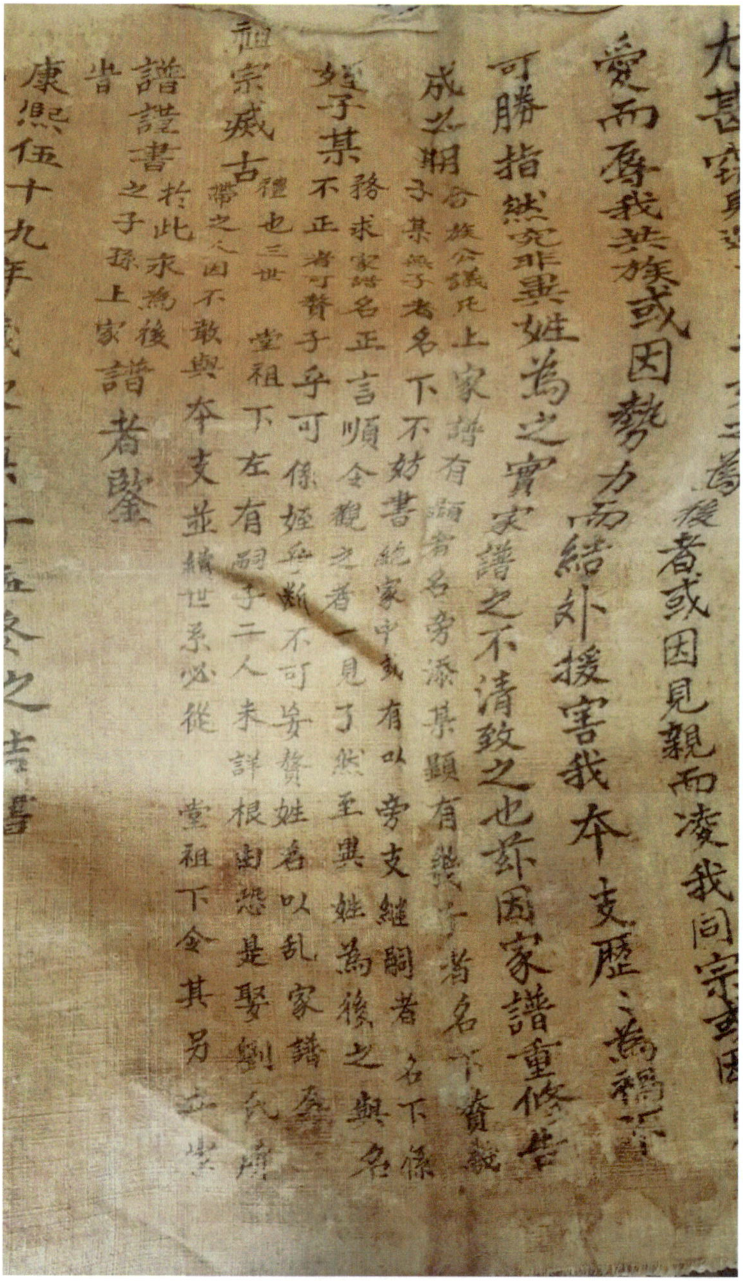
九甚窮……之爲後者或因見親而凌我同宗或因
愛而辱我共族或因勢力而結外援害我本支歷〻爲禍不
可勝指然究非異姓爲之實家譜之不清致之也茲因家譜重修
成全嗣合族公議凡上家譜有婿甥名旁添某顯有幾子者名下資
子某無子者名下不妨書絕家中或有以旁支繼嗣者名下係
螟子某務求家譜名正言順令觀之者一見了然至異姓爲後之與名
不正者可贅子乎可係婿無斷不可妄贅姓名以乱家譜
祖宗威古禮也三世堂祖下左有嗣子二人未詳根由恐是娶劉氏所
帶之人因不敢與本支並續世系必從堂祖下令其另立
譜譜書於此永爲後
之子孫上家譜者鑒
告
康熙伍十九年歲……之吉書

1. 清康熙五十九年序

祖宗在天之靈未有不心為許之者也至於
異姓為後之說前叙已言之諄諄矣故
不復贅敍之子孫其永識之勿忽
乾隆九年二月上旬之吉
合族公議重修

始祖王　寬　胡氏二子
大門
二世王福安　李氏三子
次　長福安
次宗　長堂　三天壽
天壽因亂移居河南懷慶府河內縣……五世今稱為大戶

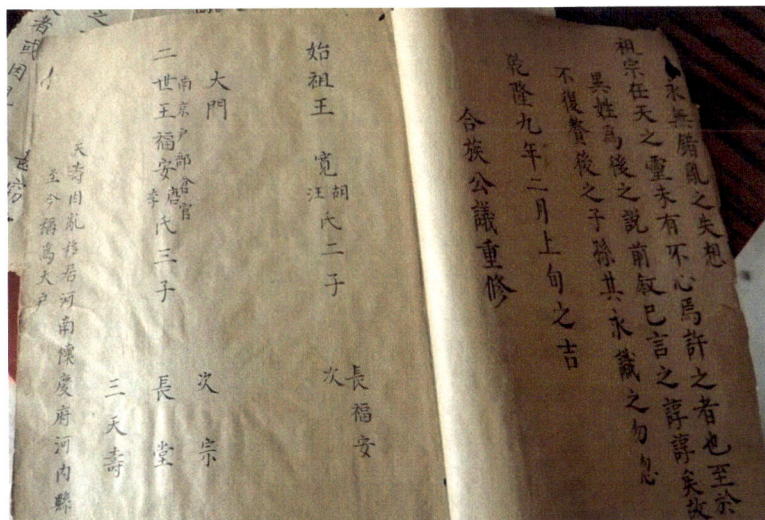

2.清乾隆九年序

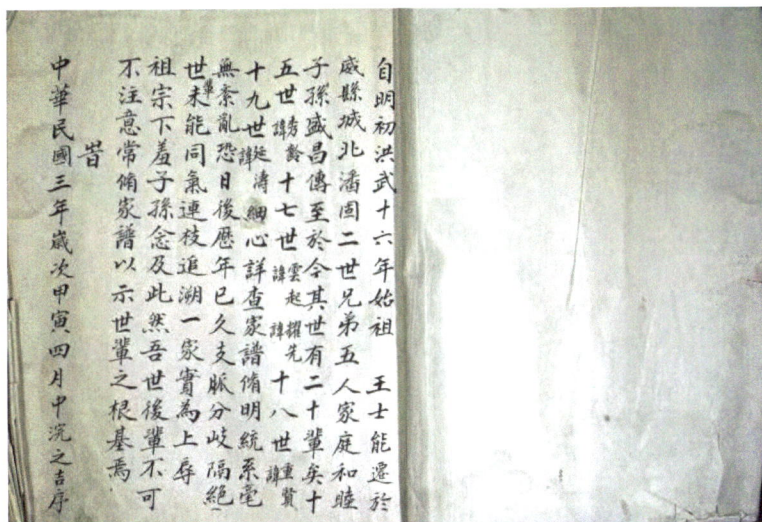

自明初洪武十六年始祖
王士能遷於
盛縣城北潘固二世兄弟五人家庭和睦
子孫盛昌傳至於今其世有二十罩矣十
五世……十七世……
十八世……
十九世謹細心詳查家譜備明統系電
無紊亂恐日後歷年已久支脈分岐隔絕
世未能同氣連枝追溯一家寶為上序
祖宗下蓋子孫念及此然吾世後罩不可
不注意常備家譜以示世罩之根基焉
昔
中華民國三年歲次甲寅四月中浣之吉序

3.民国三年序

嘗思本有本水有源所必究也況
祖之功宗之德豈可忘乎勤憶我
王門祖居山西平陽府洪洞縣酒
務鬼村人氏自大明定鼎以後遷
族开里各異咸是先人遺沢賀當
居於北直隸廣平府威縣北胡
帳村其遷移之故世遠莫究同
不等均享祖宗功總我王門舊立宗
汲二次歷年久遠俱已殘壊日覩心
偶爱是合族公議同發誠心頓喩資

4. 志

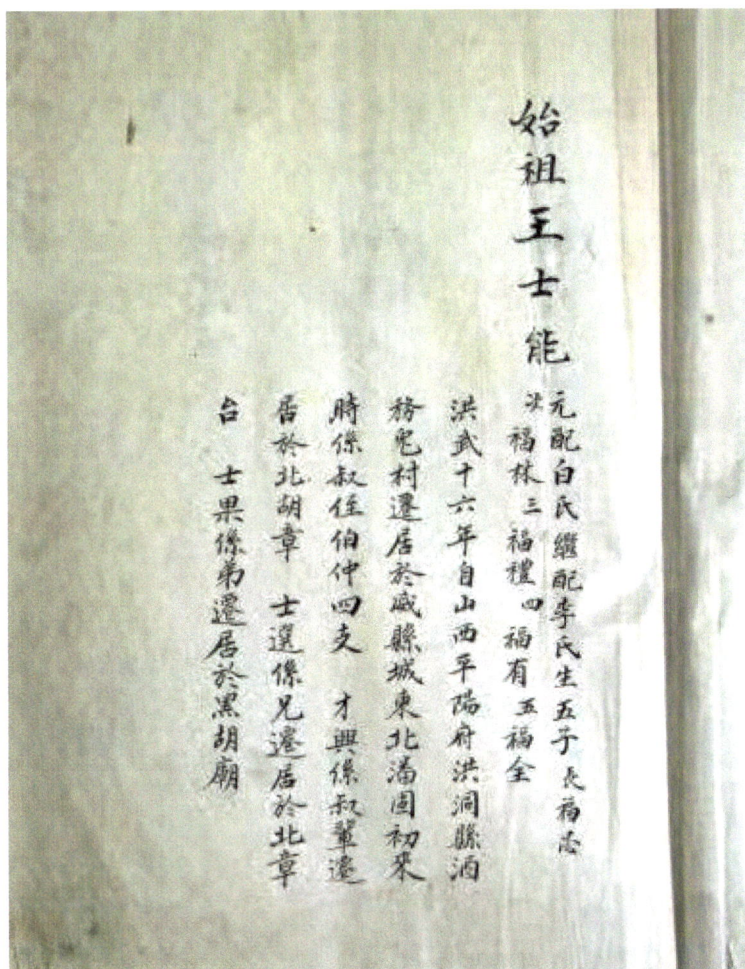

始祖王士能

元配白氏繼配李氏生五子長福志
次福株三福禮四福有五福全

洪武十六年自山西平陽府洪洞縣酒
務毛村遷居於威縣城東北潘固初來
時傑叔任伯仲四支　才興傑叔聖遷
居於北胡章　士遷傑兄遷居於北章
　士果傑弟遷居於黑胡廟

5. 始祖页（1）

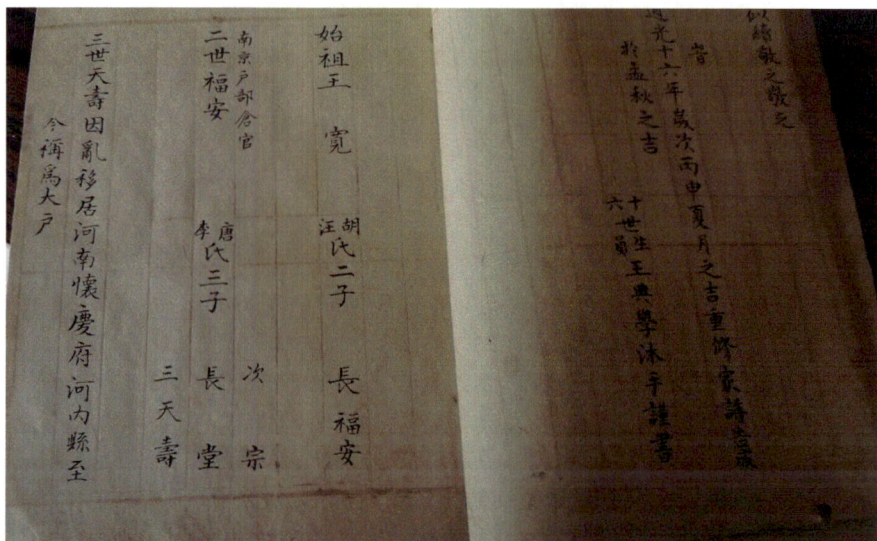

6. 始祖页（2）

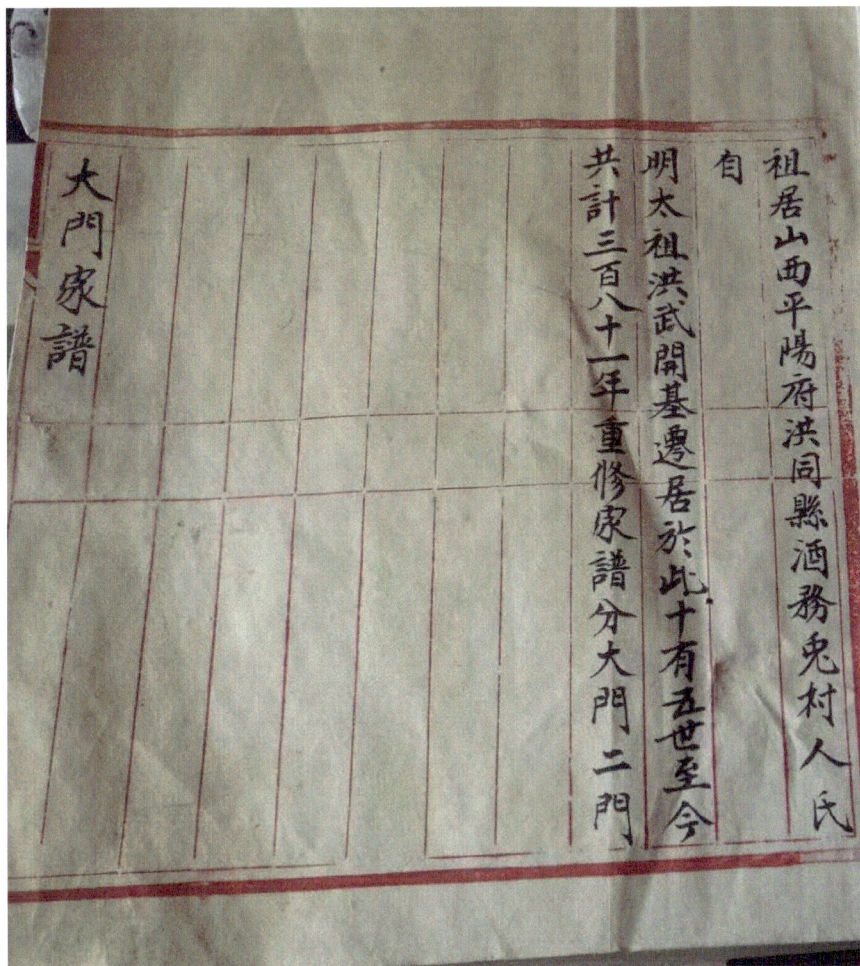

祖居山西平陽府洪同縣酒務兇村人氏

自

明太祖洪武開基遷居於此十有五世至今

共計三百八十一年重修家譜分大門二門

大門家譜

7. 大门家谱页

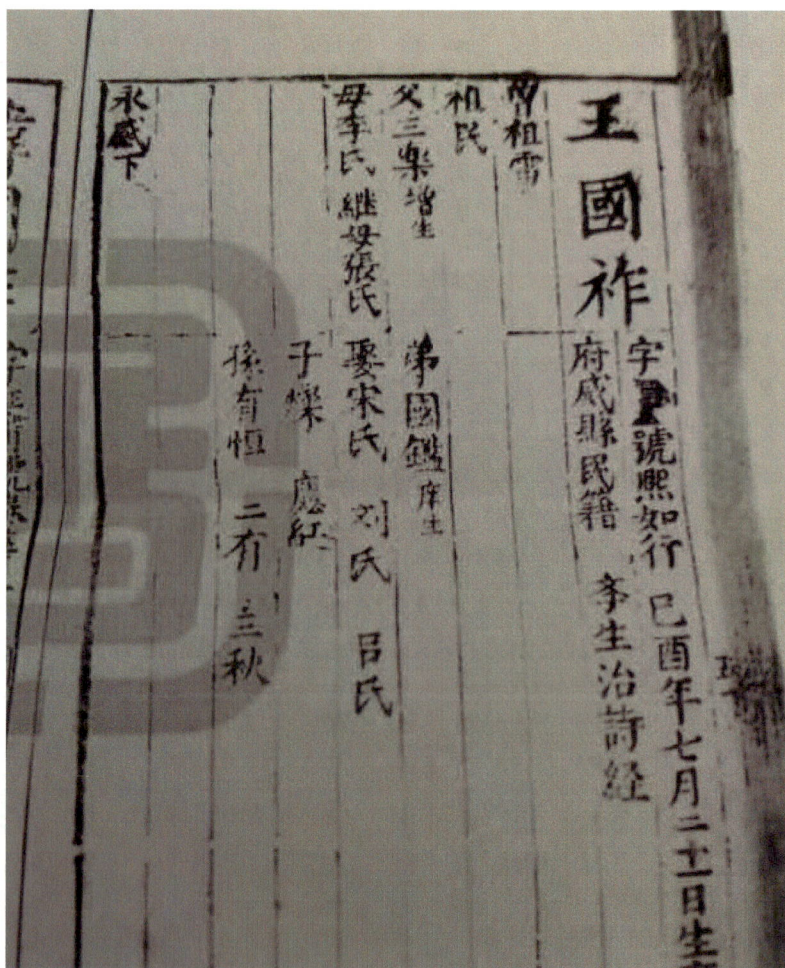

8. 王国祚页（影印）

附录三 器 物

1.传统农业生产用具（1）

2.传统农业生产用具（2）

3. 作者外曾祖在清末民初使用的温酒炉

4. 民国时期的印花税票

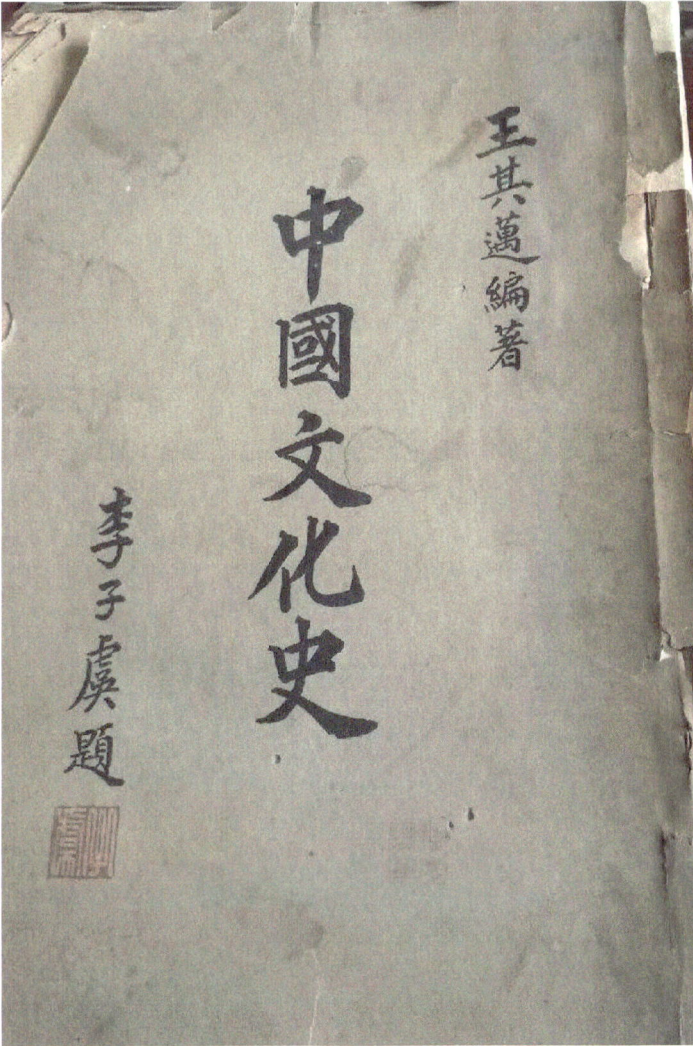

5. 举人王绍庭（号其迈）著写的《中国文化史》

6. 威县知事赠与潘固村王鸣韶的"急公好义"匾额（清宣统二年）

7. 20 世纪 60 年代父辈成婚时的纪念匾

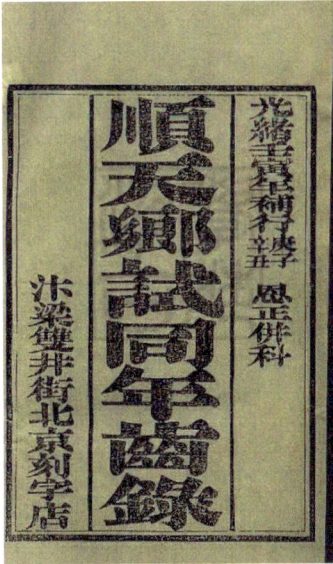

1. 作者曾叔祖王绍庭中清光绪二十八年举人题名录

2. 王绍庭在北洋师范学堂的入学登记表

3. 王绍庭历史地理科成绩登记表

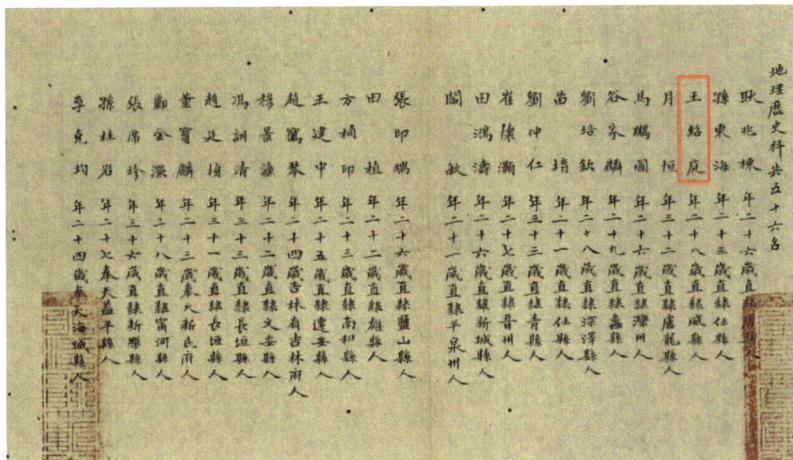

4. 王绍庭地理历史科学籍排名

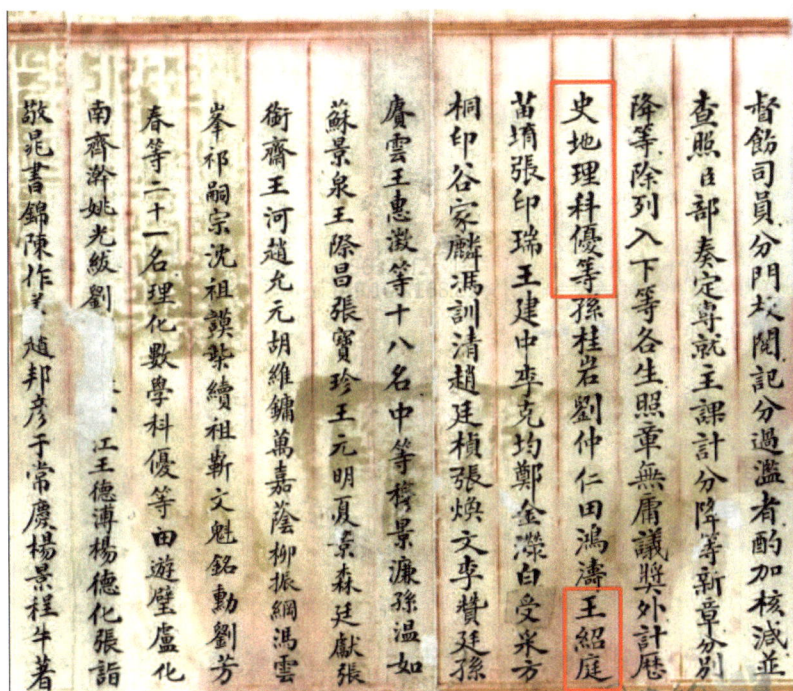

5. 王绍庭在北洋师范学堂获优等生的通告

同學錄

姓名	字	年齡	籍貫	職務	通訊處
楊星耀	荔庚	四十九	吳橋	國文教員	吳橋縣雙劉店大馬家巷
陳健行		二十九	滿城	國文教員	北平東四十一條乙六十三號
程耀峯		二十七	深縣	國文教員	深縣城東安莊村
梁玉珍	品如	三十五	吳橋	國文教員	吳橋城西梁家莊
陳永年	子彭	四十七	易縣	英語教員	易縣城內西街
杜彭年	荘蓀	六十	天津	英語教員	本市西門內謝家胡同
謝寵遇	拱宸	三十八	天津	英語教員	本市河北崑緯路德馨里四號
王紹庭	其邁	五十二	威縣	史地教員	威縣雪塔鎮郵局轉交潘固村
李桂樓	化亭		獻縣	史地教員	
劉之祥	芝生	二十七	清苑	數學教員	保定西街天成店
劉煥文	從周	五十八	天津	數學教員	本市河北呂緯路北頭大治里四號
楊毓溥	行澤	二十七	天津	理化教員	本市河北新車站東潤德里二十號

三

6. 王绍庭在河北天津师范学堂的同事名册

8. 作者曾祖母刘氏,摄于 1949 年

9. 作者伯祖父王敏德,寿享 97 岁

10. 作者祖父王慎德,寿享 74 岁

11. 作者祖母杨氏,寿享 71 岁

12. 作者叔祖父王谦德,寿享 67 岁

13. 作者叔祖母,摄于加拿大家中

14. 作者叔祖母郭氏,寿享 90 岁

15. 作者伯祖母,寿享 89 岁

16. 作者表伯父刘云涛与作者姑母王素芬合影

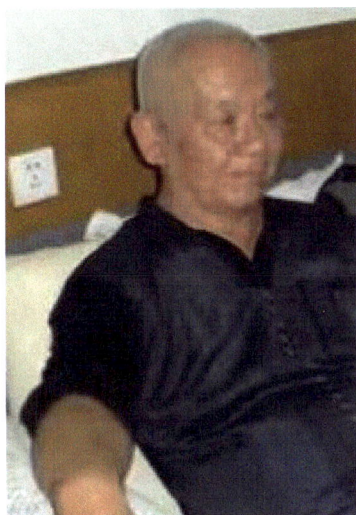

17. 作者伯父王培英，寿享 71 岁

18. 作者表伯父刘云涛，寿享 101 岁

19. 作者父亲,摄于 1999 年春

20. 作者母亲王秀金,摄于 1999 年春